LETTRE

D'UN ÉLECTEUR

A UN AUTRE ÉLECTEUR,

SON AMI,

Sur le dernier ouvrage de M. de Pradt, ancien
archevêque de Malines, intitulé :

DE L'AFFAIRE

DE LA LOI DES ÉLECTIONS.

A POITIERS,

CHEZ CATINEAU, IMPRIMEUR-LIBRAIRE.

Septembre 1820.

Monsieur et respectable ami,

Je suis bien fâché de ne pouvoir vous prêter le
dernier ouvrage de M. de Pradt sur la loi des élections.
Ce livre vraiment Français, qui lui a valu les honneurs du fauteuil aux dernières assises de la Cour
royale de Paris, et l'avantage d'y obtenir un triomphe
aussi éclatant que bien mérité; ce livre, l'un des
plus utiles qui soit sorti de la main des hommes,
n'est pas assez répandu. Je m'en suis très-difficile-
ment procuré un exemplaire; un de mes amis me
l'a demandé pour quelques jours; j'ignore quand
il me sera rendu.

Vous me demandez ce que j'en pense. Si je n'en
avais pris qu'une lecture rapide, je vous répon-
drais par un cri d'admiration; mais, comme je ne
lis jamais sans faire des extraits, vous pourrez en
juger par vous-même. Vous y trouverez la solu-
tion de cette question que nous avons si souvent
discutée : *La noblesse est-elle nécessaire dans une
monarchie constitutionnelle ?*

Une seule chose nous a toujours empêchés de nous
entendre, bien que nous y missions de part et
d'autre la meilleure foi du monde.... J'ai toujours

1.

craint le retour de l'aristocratie, et vous, celui de la démocratie... Vous n'avez voulu voir dans les libéraux que des anarchistes, et dans leur inviolable attachement à la Charte qu'une feinte pour se débarrasser des entraves du pouvoir légitime, et pour arriver au Gouvernement républicain.

Avec quelles armes M. de Pradt combat et détruit ces erreurs ! comme il s'élève au-dessus de ces chimères, et du souffle de sa voix puissante dissipe ces craintes frivoles !

Ce n'est ni par des phrases, ni par des déclamations qu'il fait passer la conviction dans nos esprits et la persuasion dans nos cœurs; mais il déchire d'une main hardie le voile dont se couvrait l'aristocratie. Quelques personnes pouvaient encore se laisser séduire par ses protestations d'attachement au trône, par ses témoignages multipliés d'un amour désintéressé pour le Monarque.... Sa main, en écartant ce voile trompeur, l'a montrée à nu; ses pinceaux ne l'ont pas esquissée sous des traits hideux, mais il l'a présentée *telle qu'elle est, telle qu'elle doit être, telle qu'elle sera toujours...* On ne doit pas plus lui faire un crime, dit-il, d'être de sa nature et de ne pas changer d'essence, qu'on n'en peut faire à un homme d'être conformé comme il l'est... Mais il faut le lire lui-même.

« L'aristocratie, voilà le vrai mot de l'affaire des élections..... Je le répète, il n'y a qu'une question en Europe, celle du contrat social..... Le contrat social est la disposition des pouvoirs de la société, distribués par sa délégation propre, *dans son intérêt à elle.*

» L'aristocratie résiste à cette distribution; re-

fuse la délégation , et soutient que les pouvoirs de
la communauté sont sa propriété *native* , dont le
bon usage lui est prescrit, il est vrai , mais dont
l'usufruit *héréditaire* lui est ravi. C'est sa théolo-
gie sacrée , etc.

» La loi du 5 février 1817 , consacrant le principe du contrat social , avait rappelé l'aristocratie
au corps de la société ; c'est ce qui l'a transportée
de haine contre cette loi qui s'opposait à sa nature
qui est l'inégalité. *On voulait la réunir , elle vit
de séparation.*

» Par la loi du 3 juin 1820 , l'aristocratie est re-
tournée à son poste favori. Sa séparation du corps
social est la recréation d'une place à part dans l'association générale, c'est-à-dire , d'un privilége à son
profit. Cette recréation fesait l'objet de ses vœux ,
et fait aujourd'hui celui de ses joies et de son triomphe.
(1) Tout cela est conséquent, si ce n'est ni éclairé
ni patriotique. »

« Tout est lié dans ses idées : à la restauration
royale elle a toujours voulu joindre la sienne propre. »

« L'absence de la royauté des Bourbons fut pour
elle un temps d'éclipse ; la présence d'une autre
royauté créait une autre aristocratie parallèle à la
sienne. Le retour des Bourbons lui présentait la per-

---

(1) Ses joies et son triomphe, qui feraient le malheur de la
France , seront de bien courte durée, si tous ceux qui ne sont
pas nés dans l'aristocratie, ne consultant que leurs véritables intérêts et ceux de leur patrie, ne votent pas pour des nobles.
Ils ont la Chambre des Pairs ; qu'ils laissent aux autres celle des
Députés ... Chacun doit être représenté , ou bien il n'y a plus
de gouvernement représentatif.

spective du retour à ses anciens postes ; c'était pour
elle le retour de la captivité de Babylone. Mais elle
n'entendoit pas que cette restauration fût complète
pour le trône et ne le fût point pour elle ; et, lorsqu'elle a vu que les choses se passaient ainsi , on
lui a entendu dire *qu'elle aussi était légitime.* Le
mot n'était pas dépourvu de conséquence , *d'après
ses idées ;* mais le côté politique de la rentrée des
Bourbons lui avait totalement échappé. L'intérêt de
la France avait fait cette rentrée ; mais la France
n'en avait aucun à celui de l'aristocratie. Elle et
la France fesaient chacune leur affaire à part. »

« L'aristocratie n'a jamais conçu et ne concevra
jamais que les Bourbons rentrant à titre de famille
dans une propriété souveraine , elle ne rentre pas
aussi dans les siennes propres ; et, dès que l'on fait
du commandement social une propriété de famille,
dans ce système on ne peut accuser l'aristocratie
d'avoir tort. Elle peut bien avoir tort contre les principes du contrat social , etc. »

« Dans Napoléon , ce n'était pas l'usurpation que
l'aristocratie détestait, mais le cortége de l'usurpation , c'est-à-dire , ces principes et ce peuple d'*é-
galitaires* au milieu desquels cette royauté nouvelle lui commandait de se mêler ; ce qui, à ses
yeux, équivalait à se laisser submerger. Elle eût par-
donné à Napoléon son usurpation , si celui-ci eût
tout arrangé de manière à faire refleurir sa légi-
timité propre : voilà ce qu'il faut bien entendre. »

« Napoléon abattu, l'aristocratie fit effort pour se
replacer. Voyez comme tous se montrèrent le même
jour aux postes qu'ils avaient occupés il y a 25
ans ! La Charte arrêta l'invasion et borna l'aristo-

cratie à la Chambre des Pairs ; mais l'action pu-
rement législative de la Charte ne pouvait pas at-
teindre l'aristocratie qui lui avait préexisté en corps
d'états généraux ou particuliers. Quelques membres
de l'aristocratie seulement prenaient place dans cette
Chambre des Pairs ; mais tous les autres restaient
sans places et dans l'état où les avait mis la révolution. Ils ont donc dû ne rien négliger pour sortir
de l'annulation dans laquelle le nouvel ordre les
plongeait, pour reprendre de l'importance ; et pour
cela, ils ont dû chercher à s'emparer de la Chambre
des Députés, (2) comme moyen principal et direct
de pouvoir, et comme moyen indirect d'arriver par
elle à toute l'administration de l'Etat, c'est-à-dire
à y occuper la place que l'aristocratie recherche toujours, qui est la première ; ce qu'elle fit en 1815,
et ce qu'elle va faire encore. »

« Croire qu'une aristocratie illustre, nombreuse,
riche, ou occupant de tout temps les abords du
trône, se bornera, par un beau zèle patriotique, à
accepter l'égalité là où elle a commandé pendant
des siècles, la médiocrité là où elle a brillé par
la richesse, sur-tout au milieu de tant de richesses
nouvelles ; croire, dis-je, que tant d'éclipses seront acceptées et adoptées par elle, qu'elle se rési-
gnera au sacrifice constant de ses prééminences,
c'est porter loin la bonhomie et l'ignorance de la
nature des choses. Croit-on donc que l'aristocratie
soit faite pour être la seconde, ou rien, et qu'elle
s'ignore ?... »

« Ce que l'aristocratie vient de faire, elle le fera

---

(2) Avis aux électeurs.

toujours ; elle a dû le faire, parce qu'elle est l'a-
ristocratie. C'est la troisième fois depuis 1814. A cette
époque, elle tendait à se rendre maîtresse de tout.
En 1815, elle fit de même, *et fort en grand*. Evincée
par la loi des élections, par l'ordonnance du 5 septembre, après avoir passé trois ans à frémir autour
de ces barrières, elle vient de les renverser ; elle
vient d'enfoncer les deux portes par lesquelles on
l'avait fait sortir. Elle frappera de même à toutes
celles qu'on lui fermerait de nouveau. »

« La duperie est le plus sot métier que les hommes puissent faire, et, qui pis est, il est le plus
désastreux, lorsqu'il s'agit d'intérêts immenses, tels
que sont ceux d'une grande nation. Il y aurait de
la duperie à présenter les choses sous un jour différent de celui où je les montre ; en tout, il faut
aller au fond des choses, et je viens d'y toucher. »

On doit savoir d'autant plus de gré à M de Pradt
de son extrême franchise, qu'il est né lui-même
dans cette caste *qui vit de séparation, qui veut
occuper une place à part dans l'association générale*, et recréer des priviléges à son profit. C'est
un des membres les plus distingués de l'ancienne
famille de la Rochefoucault. Mais pourquoi ce digne prélat ne s'éleverait-il pas aux hautes et su-
blimes conceptions qui rendront immortels les d'Ar-
genson, les Chauvelin, les Lafayette, les Royer-
Collard, et tant d'autres qui, comme lui, sont con-
vaincus que la philantropie est née de l'égalité,
et ne peut exister sans elle ? Le premier individu à
qui l'on dit, Sors de la classe des hommes, et de-
viens un demi-dieu, perdit tout-à-la-fois ses droits
à l'amour des mortels et à la bienveillance des

puissances de la terre ; il fonda sur l'orgueil un trône à la folie ; il changea la gloire pour l'ambition , et, comme le premier ange des ténèbres , il aspira dès ce moment au souverain empire ; il crut, comme Encelade , pouvoir , en entassant montagnes sur montagnes , détrôner le dieu qui l'avait élevé au-dessus de ses égaux.... Je ne dirai pas qu'il mérita d'éprouver le sort des Titans. A Dieu ne plaise que je conçoive jamais des idées aussi cruelles ! mais n'a-t-il pas condamné sa postérité à vivre de toutes les privations de l'égoïsme , et à traîner la plus affreuse existence dans le délire continuel d'une ridicule vanité , et le plus souvent au milieu de la haine de ses compatriotes ? Il s'éleva au-dessus d'eux par ses talens ou par son courage , cela peut être ; il fallait l'en récompenser personnellement : mais, en lui permettant de transmettre à ses descendans l'éclat dont on l'environnait , il fallait donc aussi lui imposer l'obligation de leur créer des yeux assez forts pour en soutenir la lumière. Combien en est-il aujourd'hui de qui l'on pourrait dire , comme de notre auteur : Ne demandez point quelle fut son origine : s'il n'est pas né dans la classe du peuple , il était digne d'y naître ; mais à force de talens , de vertus et d'humanité , il a réparé les torts de la nature.

M. de Pradt reconnaît cette vérité, dans son avant-propos, page 17 : il avoue qu'il a été lui-même victime des effets de la haine vouée à l'aristocratie. Mais il a tort de craindre de le devenir encore..... Les ennemis de l'aristocratie ne peuvent être les siens, et la France, qu'il éclaire sur ses droits, qu'il avertit de ses dangers, ne peut que dresser des autels pour y brûler les parfums de la reconnaissance.

Il est vrai qu'on l'a poursuivi comme un con-
spirateur ; mais combien n'a-t-il pas dû en être con-
solé par les acclamations qui se sont élevées du sein
de la France entière à la nouvelle de la décision
des jurés qui l'ont acquitté !... Dignes Français ,
qui , en proclamant son innocence , avez bravé les
menaces de l'aristocratie qui vous demandait une
victime , recevez votre plus douce récompense , en-
tendez de toutes parts ces chants d'alégresse qui
sont autant d'éloges pour votre stoïque fermeté. Vous
avez rendu à la patrie un ouvrage qui répandra les
lumières et la vie jusque dans les derniers rangs
de la société , et vous avez ouvert à un ami du
vrai Gouvernement la porte du Corps législatif qu'on
voulait lui fermer.

On ne sait, Monsieur , lequel on doit le plus ad-
mirer de l'écrivain ou du prélat. Le premier écrase
par la clarté de ses principes et la force de ses raisons
l'aristocratie dont il dévoile les projets désastreux ;
mais le second , au lieu de la vouer au mépris ou
à l'indignation , blâme la haine que l'on concevrait
contre elle , et les divisions qu'elle pourrait enfan-
ter. Ecoutons ses préceptes.

« On ne peut vouloir mal à un homme pour être
né duc , noble , et tout ce qui compose un aristocrate. A son tour , celui-ci ne peut trouver mau-
vais qu'on dise comment est fait un aristocrate. On
ne peut pas se fâcher contre sa propre image. Ceux
qui haïssent les aristocrates , à leur place feraient
comme eux. Par-tout les hommes ont fait et feront
encore de même : il n'y a pas plus deux aristocraties
que deux humanités. »

Je conçois aisément, Monsieur, qu'un être né au
sein de la classe aristocratique tienne aux priviléges
qui, avant la révolution, fesaient des nobles une
classe à part. Je croirai volontiers, avec M. de Pradt,
que ce doit être un Juif qui regrette, dans le dé-
sert de Sinaï, les oignons succulens de l'Egypte,
et qui ne peut s'accoutumer à la manne qui sert
de nourriture au vulgaire. L'aristocratie et la fumée
qui enivre les hommes de ce parti, l'ont empreint
d'un vernis tout-à-fait différent. Il a cessé d'être ci-
toyen, en voulant être autre chose ; il est devenu
l'esclave du pouvoir, en attendant qu'il puisse s'en
emparer et le mettre dans ses fers ; la nature lui
a imprimé, dès qu'il a vu le jour, le cachet de la
faction au sein de laquelle il est né.... Plaignons-le,
opposons-nous à ses efforts ; mais ne le haïssons pas.

Mais que dirons-nous de ceux qui n'étant *nés ni
ducs ni nobles*, ni enfin *tout ce qui compose un
aristocrate*, se sont jetés, tête baissée, dans le
camp de leurs ennemis naturels, et font tous leurs
efforts pour faire triompher l'aristocratie ?

Que le peuple français se partage en deux classes
de citoyens : l'une qui se croit née pour commander
à l'autre, et qui veut posséder exclusivement le
pouvoir, malgré le petit nombre d'hommes dont elle
se compose naturellement ; l'autre, qui forme la
masse du peuple, l'immense majorité de la nation,
qui ne veut point d'autorité exclusive, mais qui
désire que le pouvoir soit confié aux talens, aux
vertus et à la probité ; qui ne reconnaît d'autre
pouvoir, hors de son sein, que celui d'un Roi consti-
tutionnel et héréditaire, chargé de faire exécuter des
lois qu'elle a faites avec lui, pour le bonheur de tous

ses membres : voilà ce que tout homme sensé concevra sans peine.

Mais qu'il puisse exister en outre une troisième classe d'êtres amphibies, qui ne sont point nés nobles, et qui veulent à tout prix se mettre dans les rangs de ceux dont l'orgueil les repousse quand l'intérêt du moment ne les y rappelle pas ; voilà, je vous l'avoue, le plus étonnant de tous les mystères. Je serais tenté de m'écrier avec saint Augustin, quand il ne peut expliquer ce que sa raison ne peut concevoir : O ! ALTITUDO !

Que sont donc enfin ces gens-là ? Sont-ils nobles ? Demandez-le aux anciens nobles ; leur air de mépris, leurs éloges insultans vous répondront assez....

Sont-ils citoyens ? Appartiennent-ils à la classe du peuple ? Ils se sont mis en guerre ouverte avec elle, en passant dans les rangs de leurs ennemis irréconciliables. Ils ont échangé leur liberté pour la plus vile de toutes les servitudes ; déserteurs de ses drapeaux, ils ont été mendier des fers ; ils font plus, ils aident de tous leurs moyens l'aristocratie à s'emparer des droits du peuple ; et pour quelques places, quelques honneurs, un peu d'argent ou quelques dîners, ils consentiraient volontiers que le pouvoir fût concentré dans les mains d'un seul, comme à Constantinople, ou devînt la propriété de quelques familles, comme autrefois à Venise.

Que sont-ils donc enfin ? Et quel peut être leur but ?

Nous avons souvent raisonné sur ce point, et vous avez toujours voulu les excuser sous divers prétextes. Vous avez voué au mépris ceux qui ne consultent en cela que leur intérêt personnel, et, sous

ce rapport, vous avez rejeté comme indignes de votre
indulgence les membres de la Chambre des Députés
qui ont sacrifié leurs devoirs aux avantages d'une
place à traitement ; mais vous avez cru que , dans
ce ventre de l'assemblée que M. de Pradt traite de
paquet ou de *lourd fardeau ,* vous avez cru qu'il
pouvait exister des amis de l'ordre et de la paix ,
qui ne s'éloignent des libéraux que parce qu'ils
sont persuadés que ce sont des républicains , ou
plutôt des anarchistes. Ils ne s'attachent aux aristocrates , me disiez-vous, que parce qu'ils les croient
franchement des amis du Roi et de la Charte....
Ecoutez M. de Pradt ; c'est lui qui va vous répondre.

« Toutes ces craintes , dit-il (page 225), sont
des chimères , et peuvent être rapportées à une cause
que voici.

» En France , un parti s'est fait accapareur de
royalisme , de vertu et de probité ; long-temps il
s'est dit *les honnêtes gens ,* chose flatteuse pour
le reste ou plutôt pour la totalité de la nation. A
l'entendre , seul il est royaliste ; tout le reste est dé-
mocrate ou démagogue , et pour lui c'est *tout un.*
Tout ce qui ne partage pas son exagération sur les
attributs de la royauté , est républicain. Tout républicain est un monstre. Tout ce qui signale de
l'opposition à certaines mesures, est révolutionnaire.
Des mots d'ordre sont donnés et sont répétés suc-
cessivement : aujourd'hui c'est le tour de la République , demain ce sera autre chose..

» C'est de tout ce fatras que sont sorties les frayeurs
vraies ou simulées pour le trône. Il y a des men-
songes que l'on finit par se persuader à soi-même,
à force de les répéter , etc.

» On parle de République et de républicains à tort et à travers, sans savoir comment est faite l'une, comment sont faits les autres, comment on pourrait amener la première, ce que veulent, et encore ce que peuvent les seconds; et tout ce bruit a lieu, 1.° pour se donner des airs d'amour passionné pour le Monarque et pour la monarchie; 2.° pour faire peser sur ses ennemis une accusation grave; 3.° parce que l'on n'a pas pris la peine de rechercher les sentimens et les intentions de ceux que l'on trouve commode et utile d'inculper. Pascal l'a dit : *Calomnions toujours, il en reste quelque chose.* »

M. l'évêque de Pradt parle-t-il de l'amour des nobles pour le Roi et pour la Charte, voilà comme il s'exprime dans son avant-propos (page 28).

« Il faut rendre justice à l'aristocratie sur un point. La source d'une partie de ses erreurs n'est pas dépourvue d'honneur ; seulement, il faudrait qu'elles fussent amendées par les lumières.

» Ainsi elle aime le prince et le trône; mais elle veut en faire un ciel et un dieu, en se réservant les rayons de l'un et les hauts bancs de l'autre. Elle aime la religion, à laquelle elle est revenue, après avoir donné l'exemple de la négliger ; mais elle prétend en faire un instrument de politique, et lui demande des jougs pour la société. Elle a été révoltée des violences et des crimes de la révolution, et cette indignation vertueuse l'a conduite à confondre les principes, les hommes, le bien et le mal de ce grand drame. Elle hait *in globo* tout ce qui entre dans la formation de cette époque, dont elle ne veut faire qu'un fait particulier. Il en est de même

pour tout le reste ; elle le juge et le traite d'après
son principe d'existence.

» Ainsi elle aime les arts et tout ce qui peut em-
bellir la vie ; mais elle tient à distance ceux auxquels
elle doit ces jouissances, non comme éloignement
pour les individus, mais comme séparation *exigée*
par son rang. Dans ce temps, elle ne s'allie presque plus qu'avec elle-même.

» L'aristocratie est douée d'autant de sensibilité,
de bienveillance et d'humanité que peuvent l'être
toutes les autres parties de la société ; mais elle aime
d'en haut, c'est-à-dire en protégeant, et veut que
ses dons portent toujours l'empreinte des bienfaits.

» L'aristocratie se considère toujours comme à
part, même dans les mêmes rangs. » (3)

« Maintenant on peut se demander si l'aristocratie
a un plan et un but ?... Je répondrai affirmativement
pour l'un et pour l'autre. Quant au but, pour le
connaître il ne faut que regarder la nature de l'a-
ristocratie ; elle lui fait toujours désirer le pouvoir.
Celui-ci est donc son but indéfectible et actuel.

» Quant au plan, c'est le retour à ce qu'on lui
a vu faire en 1815. »

Ici M. de Pradt entre dans de longues et savantes
discussions pour établir cette dernière assertion.
Nous regrettons de ne pouvoir le suivre ; les bornes
d'une analyse ne nous le permettent pas. Je me

---

(3) En veut-on des preuves journalières ?... Dans un bal se mêle-
t-elle avec ce qu'elle appelle la roture ? Fait-elle sa société d'un
préfet qui recevra la bourgeoise habituellement ? Si elle se trouve
en force dans un collége électoral, nommera-t-elle un roturier ?...
Belle leçon pour les électeurs.

contenterai de vous citer deux passages bien dignes d'être recueillis.

Il cite le propos d'un homme de cette faction qui, en parlant de la Charte, disait naïvement : « *Je suis toujours à cheval sur elle, mais c'est pour la crever.* » Il rappelle ensuite le mot précieux d'une femme célèbre, qui prétendait que « *l'aristocratie était entrée dans la Charte comme les Grecs dans le cheval de bois, pour surprendre Troie.* » « Eh comment ! s'écrie notre auteur, les aristocrates pourraient-ils aimer la Charte ! Bien simple qui leur supposerait une autre intention que de la détruire. Le premier mot de la Charte étant une reconnaissance d'égalité, est par là même une hérésie anti-aristocratique au premier chef, un principe révolutionnaire ; car il établit l'égalité. »

Après avoir démontré avec cette profondeur de connaissances qui le place incontestablement parmi les premiers publicistes de son siècle, que la noblesse n'a d'autre but que de rétablir son pouvoir aristocratique et *exclusif*, en s'emparant de la Chambre des Députés à l'aide de la nouvelle loi sur les élections, M. de Pradt se laisse entraîner aux sentimens douloureux que lui font éprouver les maux de sa patrie au moment où il écrit. Ce n'est plus l'homme d'état qui développe les règles du contrat social, assigne à chaque pouvoir la place qui lui est destinée ; c'est un véritable Français, ami de son pays et de son Roi, qui gémit sur les scènes déchirantes qui présidèrent à la formation de la loi du 3 juin 1820..... Je me garderai de l'analyser, il ne peut être rendu que par lui-même.

« J'allais montrer, dit-il, comment la Charte,

ce seul bien politique des Français, leur avait été ravie le 3 juin 1820.

» J'allais démontrer que, ce jour, le procès fut fait à la Charte, et le peuple français condamné aux dépens par la plus indigne supercherie qui fut jamais.....

» J'aurais prouvé que le partage de la Chambre entre deux parties à-peu-près égales était le principe de ces scandaleux passages du ministère d'un côté de la Chambre à l'autre, d'après lequel, au moyen d'un simple calcul et de l'acquisition de quelques voix, traînant toujours avec lui son lourd bagage du *ventre*, il n'avait qu'à jeter ce paquet dans un des deux côtés, pour rester le maître, de manière enfin qu'en dernière analyse ce sont les mouvemens de quelques hommes, qui ne sont pas les plus illustres de la Chambre, qui finissent par décider du sort de la France.

» Mais il faut que je renonce à compléter cette carrière ; de plus graves soins m'appellent.

» Le sang français a coulé dans Paris..... Dans l'état où des imprudens ont conduit les choses, où peut-il ne pas couler ? En quelle abondance et où s'arrêtera cette horrible libation ? La Représentation nationale a été violée par le plus infame guet-apens ; de vils assassins ont osé porter la main, vomir les plus dégoûtans outrages, les menaces les plus horribles contre les Représentans du peuple !...

» L'enceinte de la Chambre des Deputés n'est-elle donc pas aussi sacrée que le palais des Tuileries peut l'être ? Le Prince est inviolable, parce qu'il est le premier représentant de la Nation, et que, seul vis-à-vis de tous, il a besoin, dans son isolément, de la protection du plus grand respect...

» Quel spectacle offre tout ceci ? Les citoyens assaillis par la garde du Prince, assassinés par ceux qu'ils paient pour les défendre !... Le palais où réside la majesté royale changé en château fort !... Grand Dieu ! où sommes-nous ? où nous a-t-on conduits !

» A Paris, comme à Cadix, des individus que décore un habit qu'ils profanent, imbus d'une haine ancienne contre nos institutions, dressent des soldats qui leur sont confiés pour le plus noble usage, à massacrer un peuple sans armes... En tout pays, ces hommes sont les mêmes : ennemis nés de toute raison, esclaves acquis à tous préjugés, quels qu'ils soient.....

» La France entière saura ces scènes, les ressentira, en sera ébranlée peut-être.... Où peut nous conduire une crise pareille, après toutes celles dont se compose notre triste existence depuis six ans !....

» Loin de nous, s'écrie-t-il dans une sainte colère, tous ces hommes qui se plaisent à faire de tous les Français des complices d'un *Brutus* de cabaret. Loin de nous ces hommes qui nous traitent tous de révolutionaires et de conspirateurs. Qu'ils mettent entre notre impureté et leur pureté toute la distance qu'ils voudront ; la plus grande sera toujours la meilleure. Qu'ils s'éloignent d'une terre indigne de leurs hautes vertus et ne porte qu'une race gangrenée. Nous ne sommes point faits pour respirer le même air qu'eux : leur absence ne stérilisera point la France, elle ne fera pas plus dessécher son sol que son génie ; sans eux, la France a commandé à l'Europe ; avec eux, elle a été commandée par elle. Qu'ils se retirent tous ces diré-

cteurs d'affaires, qui, depuis six ans, ont si bien
dirigé celles de la France, à la vue de ce qu'une restauration a valu à l'Angleterre, à l'Espagne, à la
France !... Imprudens, ils ont fait courir le risque
de rendre les peuples irréconciliables avec ce mot,
et leur ont appris par là à pousser les révolutions
jusqu'au bout. Qu'ils disparaissent ceux qui ne sa-
vent qu'environner le trône d'une armée plus forte
que celle de plusieurs états, et de soldats étrangers
qui offusquent les regards et pèsent sur le cœur
des Français !... Qu'ils s'éloignent tous ces courti-
sans, qui, ignorant la France, inconnus d'elle, as-
siègent le trône de terreurs, calomnient la Nation au-
près de lui, et l'exposent à être calomnié par elle.
Ce n'est ni l'amour, ni l'honneur de la France qui
les a ramenés dans son sein, mais la soif du commandement, de la fortune et de la vengeance, si
elle eût été possible. Combien parmi eux sortiraient,
comme les Juifs, chargés de nos dépouilles !... C'est
dans cet entourage du trône, et dans ce qui lui
correspond, que se trouve le foyer du mal qui nous
dévore. Le cancer de la France est là ; il est im-
possible que le trône, la France et lui subsistent
ensemble. Une guerre intestine s'alimente par le rapprochement.

» Que tous ces hommes décrépits, grimaçans, hai-
neux, tristes remplaçans de la jeunesse et de la vi-
gueur destinées à brillanter les entours du trône,
s'écartent enfin !... Ce n'est plus la première cour
du monde qui convient à toutes ces décrépitudes;
une cour n'est pas un conseil des anciens. Qu'ils
nous laissent enfin voir le trône ; nous ne l'avons
pas encore vu. Quels titres ont-ils donc pour en ap-

procher seuls ? La moitié n'a pas les titres de la vraie noblesse ; (4) presque aucun, ceux des service ; aucun, ceux des talens. Pourquoi donc la cour serait-elle leur apanage exclusif, et de quel droit en excluraient-ils le reste des Français ?

» Plus nous connaîtrons le trône, et plus nous l'aimerons ; plus il nous connaîtra, plus à son tour il nous aimera : leur interposition entre lui et nous, nous a empêchés de nous connaître et de nous aimer mutuellement.

» Qu'à la place de tous ces hommes funestes, paraissent enfin des hommes de confiance pour toute la France, des hommes qui la connaissent, qu'elle connaît à son tour, qui la fassent connaître au Prince telle qu'elle est réellement, et non pas telle que se plaisent à la peindre ses mortels ennemis ; qui, ayant des lumières suffisantes pour discerner la route véritable, le courage nécessaire pour résister aux volontés nuisibles, et qui, par la réunion des lumières, de la sagesse et sur-tout de la prévoyance, ramènent enfin et fixent à jamais la paix dans l'immense famille des Français, et cimentent entre le peuple et le trône un rapprochement éternel que tant de fautes ont rendu si nécessaire !... Qu'elle

_____

(4) J'ai toujours pensé qu'un des ouvrages les plus intéressans et les plus curieux serait un nobiliaire dans chaque département . . . Lorsque l'on aurait supprimé de cette classe tous ceux qui n'ont aucun titre à la noblesse, tels que les descendans d'un boucher, d'un porteur d'eau, etc., d'un échevin, d'un enrichi enfin, qui figurent cependant parmi les nobles, parce qu'ils ont caché leur véritable nom sous celui d'une terre acquise par leurs pères, ou qui l'ont mutilé, que resterait-il ? Ils frémiraient de leur petit nombre.

finisse enfin cette nuit obscure dans laquelle nous sommes plongés depuis six ans !... »

C'est ainsi, Monsieur, que se termine l'avant-propos de M. de Pradt. Je finirai moi-même cette lettre en partageant avec lui les vœux qu'il forme pour le bonheur de notre pays. Je vous engage à le lire tout entier. Que sont les faibles extraits que je vous adresse, lorsque l'on songe qu'ils sont tirés d'un ouvrage de plus de 400 pages ? Après l'avoir lu et profondément médité, vous n'hésiterez plus, j'en suis sûr, à vous ranger, dans le collége électoral, du parti des libéraux. Il n'y aurait qu'un insensé qui pourrait balancer encore, à moins qu'il ne fût né noble, ou que, bravant leurs brocards dédaigneux et les humiliations dont ils abreuvent le *pauvre* roturier qui veut s'élever jusqu'à eux, il n'aspirât à le devenir. Vous n'êtes pas, je le sais, du nombre de ces *bourgeois gentilshommes* qui semblent croire que la noblesse s'inocule comme le virus variolique, en respirant habituellement le même air qu'elle, et en vivant toujours dans son atmosphère. Vous ne voulez qu'être éclairé ; or l'ouvrage de notre prélat est un flambeau qui ne peut laisser dans les ténébres que ceux qu'aucune lumière ne pourra jamais en tirer.

Croyez, Monsieur et honorable ami, à l'inviolable attachement de votre très-dévoué compatriote,

LE CHEVALIER ***.